eビジネス新書

週刊東洋経済

東芝

週刊東洋経済 eビジネス新書　No.382

漂流する東芝

本書は、東洋経済新報社刊『週刊東洋経済』2021年5月22日号より抜粋、加筆修正のうえ制作しています。情報は底本編集当時のものです。（標準読了時間　90分）

漂流する東芝　目次

課題はそのまま……

トップ辞任でも「次」が見えない不安

2021年4月14日、東京・芝浦の東芝本社から中継されたオンライン会見。会場には会長の綱川智氏と、社外取締役で取締役会議長の永山治氏が並んだ。2018年から3年にわたって経営の舵取りを続けてきた車谷暢昭社長CEOの辞任と綱川氏の社長再登板を説明する会見。にもかかわらず、そこに車谷氏の姿はなかった。

「東芝再生を成し遂げ、天命は果たした」。広報担当者が代読したコメントで辞任の理由が紹介されたが、辞任の経緯は実態とは程遠い。車谷氏が持ち込んだとされる、英投資ファンド、CVCキャピタル・パートナーズによる買収計画は宙に浮き、有象無象のファンドが東芝を狙う。ある東芝社員は「これから再建というときに、3年前の混乱期に戻ってしまったようだ」と不安を漏らす。

事の経緯を振り返ろう。騒動が表面化したのは、4月6日にCVCから東芝に「提案書」が届いたときだった。そこには、東芝株を1株5000円で公開買い付けし非公開化、3年後に再上場を目指すとあった。

「あなたが描いたのか」

翌日の東芝取締役会は荒れた。提案書の中に「現在のマネジメント体制の維持」という文言が含まれていたからだ。CVCは車谷氏にとって2017年から1年間、日本法人会長を務めた「古巣」であったことから、提案の仕掛け人は車谷氏ではないかと疑われた。永山氏からの「あなたが絵を描いたのではないか」との問いを車谷氏は頑強に否定した。

車谷氏は株主との対立を深め、指名委員会が上級管理職に行った信任調査でも半数以上に不信任を突きつけられていた。6月の定時株主総会での再任が危ぶまれる中、体制維持を前提とするＣＶＣからの買収提案は「渡りに船」になったはずだった。

だが、この提案で車谷氏は立場を強めるどころか、逆に窮地に追い込まれていく。9日に東芝は、永山議長名で「当社の事業などに関する詳細な検討を経たうえで行われているものでもありません」というコメントを発表。取締役の多数が、提案に不快感を示していた。ある社外取締役は「買収後にどう事業を扱うか、資金調達をどうするかもいっさい書かれていない。とりあえず作った印象」と吐き捨てた。

結局、車谷氏への逆風はやむことなく、１３日には、翌日の臨時取締役会で車谷氏の解任が諮られる予定だと永山氏らが「最後通牒」を突きつけた。万策尽きた車谷氏は１４日朝に辞意を表明した。事実上の解任である。

車谷氏の退場で、ＣＶＣからの提案も宙に浮いた。「マネジメント体制の維持」という前提が崩れたこともあり、１９日にＣＶＣは「非公開化が東芝の戦略に合致するか（東芝から）アナウンスがあるまで暫時検討を中断する」という書面を送付。事実上、買収計画は頓挫した。

実際、買収計画自体が生煮えだった。原子力や防衛関連の事業を手がける東芝を買収するには外為法上の問題をクリアする必要があるため、ハードルが高い。関係者は「デューデリジェンス（事前調査）を十分せずに買収を提案できる会社ではない」と語る。車谷氏とＣＶＣ関係者には浅からぬ関係があるのも事実だ。

買収計画が頓挫したことで東芝に安定が訪れるのかというと、事はそう簡単ではない。

厳密な計算でなかったとしても、非公開化が議論の俎上に載せられたことで、今後ＣＶＣ以外のファンドから敵対的買収を仕掛けられる可能性がある。一部ではメガバンクや日本政策投資銀行に資金提供の打診があったとの報道もされているが、関係者によると具体的な買収プランにまで踏み込んだファンドはまだないという。ただ、ＬＢＯ（レバレッジドバイアウト）などの手法を用いれば買収は可能で、利益を上げることはできる。

東芝と株主は対立を続けた

【2020年1月】子会社による循環取引が発覚
【4月】東証1部への復帰申請
【7月】定時株主総会で大株主提案の取締役選任案を否決
【9月】株主総会での議決権行使集計の漏れが発覚
【12月】大株主のエフィッシモ、ファラロンがそれぞれ臨時株主総会の招集申し立て
【2021年1月】東証1部への復帰承認
【3月18日】臨時株主総会で前回株主総会の調査が決まる
【3月31日】米国企業によるキオクシア買収検討の報道
【4月6日】CVCによる東芝買収の初期提案
【4月14日】車谷社長が辞任
【4月19日】CVCが買収検討の中断を東芝に伝達

株主との関係改善が急務

ＣＶＣの買収提案以降、東芝の株価は乱高下している。さらに、大株主でもある３Ｄインベストメント・パートナーズが非公開化についても検討するよう、東芝経営陣に求める書簡を公開するなど、騒動の火種はくすぶったままだ。

東芝は再建の前提として上場維持にこだわってきた。再生計画の旗振り役だった車谷氏が買収提案を手引きしたとみられることも、信頼を失わせる要因になった。非公開化の要求を経営陣が容易に認めることはできないはずだ。

東芝が非公開化せずに再生計画を前進させるには、３つの課題が残されている。

１つ目は、大株主のアクティビストとの関係だ。とくにこの1年間、車谷氏率いる東芝経営陣は彼らとの対立を深めてきた。20年1月に発覚した子会社の循環取引を問題視した筆頭株主のエフィッシモ・キャピタル・マネージメントは、同年7月の定時株主総会で独自の取締役候補を提案した。東芝側が反対し、結局否決されたものの、車谷氏への賛成率も57・20％と薄氷の信任となっていた。

さらに問題は続く。9月には議決権行使集計の漏れが発覚した。さらには経済産業省の元参与が一部株主に車谷氏選任に反対しないよう圧力をかけたとの疑惑が報じられた。これにエフィッシモが態度を硬化させ、定時株主総会での議決権行使について東芝の関与を調査する特別委員会の設置を求めて臨時株主総会の招集を請求した。東芝の成長戦略を疑問視するファラロン・キャピタル・マネジメントも総会開催を求めた。21年3月に臨時株主総会が開かれた結果、エフィッシモの提案は可決され、現在、議決権行使の疑惑をめぐり調査委員会が調査中だ。

アクティビストの要求に、車谷氏は不満を抱いていた。辞任前の3月31日、本誌のインタビューでは「もっと長期で見てくれる株主が増えてほしい」と語っている。

東芝の株主には「モノ言う株主」が名を連ねる

		保有比率
アクティビストで **東芝と緊張関係**	エフィッシモ・キャピタル・マネージメント	9.91%
	3Dインベストメント・パートナーズ	7.20%
	ファラロン・キャピタル・マネジメント	5.37%
中長期運用を重視、東芝とは融和的？	ブラックロック・ジャパン	5.21%
安定株主	みずほフィナンシャルグループ（みずほ銀行、みずほ証券、アセットマネジメントOne）	3.41%
大半を売却済みとみられる	キング・ストリート・キャピタル・マネージメント	4.09%

（出所）大量保有報告書などを基に本誌作成

ただし、東芝との関係がよくても悪くても、ファンドにとっては株価上昇は絶対的な条件だ。結果的にCVCの「1株5000円」を拒否した以上、今後は5000円以上を実現するよう要求が強まる。実際、3Dインベストメント・パートナーズが「本源的価値は1株当たり6500円を超える」と主張する。こうした声に応えられなければ、6月の定時株主総会で厳しい批判にさらされることになる。

2つ目の課題は経営トップの選任だ。車谷氏の後任は、かつて社長を務めた綱川氏となった。ただ、これは緊急時の「つなぎ役」的な色彩が強い。綱川氏自身、就任会見で「マネジメントも新陳代謝が求められる」と、再登板は一時的と認めた。

誰が舵取りをするのか

しかし、肝心の後継者が見当たらない。車谷氏は在任中、外部人材をスカウトしデジタルトランスフォーメーション（DX）を強化してきたが、後見人だった車谷氏がいなくなったことで、スカウト組の居心地は悪くなる。デジタル化は成長領域であるものの、ここ数年の業績回復はリストラによるところが大きい。現在の執行役員クラスにＤＸによる収益面での目立った実績があるわけではない。

ある幹部は「ポスト車谷として育てられた人材はいないのではないか。一から探すことになる」と話す。車谷氏というリーダーが消えたことに対して不安を覚える社員も少なからずいるという。「ポスト車谷」を意識した人事がなかったツケを払わされている。

そして3つ目の課題がガバナンスの強化と成長戦略の構築だ。２０年1月の子会社による循環取引での調査報告書はわずか１０ページだった。これに対しエフィッシモは「詰めが甘く、不十分」として株主提案に踏み切った。「主体的な関与は認められなかった」（報告書）という記述に関し、過去に大規模な不正会計を行った企業としての反省が見られないという不満がある。

再建中のコストカットについても、「（かつての不正会計時に使われた）『チャレンジ』を彷彿とさせる厳しさだった」と語る社員がいる。過去の失敗を繰り返さないための仕組みづくりは未完成だ。

車谷氏は「負の遺産の処理は成し遂げた。フェーズは再建から成長に変わる」と話していた。ただ、その青写真をはっきりと示してはいない。車谷氏なき「新生東芝」はその針路を早急に定める必要がある。

（高橋玲央）

「東谷社長辞任」の一部始終

「銀行の中でもずば抜けた切れ者だった。だが最後は、策士策に溺れたという印象だ」

車谷暢昭・東芝社長の辞任を報道で知った三井住友銀行の幹部はこう語った。

車谷氏は三井住友銀行の出身。副頭取まで上り詰めたものの、頭取レースに敗れ退任した。

「最後まで自分が頭取になれると信じていたフシがある。しかし元は旧三井銀行。旧住友銀行に勝てるわけがなかった」(前述の三井住友銀幹部)というのが銀行界の一致した見方だ。

実力ではなく、出自で決まるのか――。そんな憤りの気持ちが強かったのだろう。

通常、副頭取まで務めた人物には、系列企業の社長の席が約束されている。ところが車谷氏はそれを蹴り、自ら探してきたＣＶＣキャピタル・パートナーズの日本代表に就いた。

２０２０年、今度は東芝のトップに転じる。「車谷氏には、東芝を再建させたという実績が必要だった。というのも根底に、銀行を見返したいという思いがあったからだ」と、あるメガバンク幹部は指摘する。

3人の姿を目撃されて

そんな車谷氏は、２０２１年に入って東証1部復帰という成果こそ収めたものの、追い詰められていく。

まず、2月に実施した上級幹部を対象にした社内の「信任調査」で、半数以上が車谷氏に不信任の意思表示をしたことがわかる。

さらに3月１４日の臨時株主総会で、エフィッシモ・キャピタル・マネージメントの株主提案が可決されると、取締役会議長を務める永山治氏をはじめ、プロパーを中心とする反車谷派が公然と「車谷再任」に疑問を呈し始める。

3月25日には、指名委員会が「次の社長指名はない」と車谷氏に伝え、4月19日に臨時取締役会を開催して社長交代に踏み切る手はずを整えるなど、車谷氏は外堀を埋められていった。

関係者の話を総合すると、慌てた車谷氏は、以前からの盟友で東芝の社外取締役だった藤森義明氏に相談。そこで浮上したのが、藤森氏も日本法人の最高顧問を務めているCVCだったという。

東芝を買収させて非上場化を図れば、アクティビストを退場させることができ、社長の地位にあり続けることができる。そう考えた車谷氏は、旧知の仲だったCVC日本代表の赤池敦史氏に買収を提案するよう持ちかける。

とはいえ、古巣からの提案を自身が持ち込んでは利益相反の疑いが付きまとう。そこで車谷氏は一計を案じる。提案書に「旧経営体制の維持」を盛り込ませたうえで、利益相反批判を回避するためいったん辞任。非上場化が完了した後に復帰するという

〝死んだふり辞任〟を考えついたのだ。

ところがだ。車谷、藤森、赤池の3氏が東京・西麻布のバーで飲んでいる姿が目撃され、週刊誌に持ち込まれて万事休す。ぐるだったことを疑われ、本当に辞任せざるをえなくなってしまった。

それでも「あの車谷氏なら、まだ復活を狙っているかもしれない」と疑心を強めた東芝側は、一度も明らかにされたことがない信任調査の結果をあえてリークするなど、とどめを刺しにいった。

結局、再起を諦め、小さなファンドの会長に納まった車谷氏。「銀行時代の怨念を東芝で晴らそうと社長のいすにしがみついたが、裸の王様だったことに気づかなかったのが最大の敗因だろう」と前述のメガバンク幹部はつぶやいた。

（田島靖久）

東芝劇場の人物関係図

東芝再生の主役を演じてきた車谷暢昭氏が舞台から退いたことで、会長から社長兼任へと再びスポットライトを浴びるのが綱川智氏だ。

東芝で医療機器子会社を育成し、2015年9月に再出発する東芝取締役に就任。16年からは社長として原子力事業の巨額損失、監査法人との対立、半導体メモリー子会社の売却などに対応した。20年に会長になったが、「(車谷氏の後任は)社長として困難を乗り切った綱川氏が最適と判断した」(永山治・指名委員会委員長)。ただし「新たな体制への早期の移行も進めていく」(永山氏)とワンポイントリリーフであることも確かだ。

では次のトップは誰か?

「人材がいない」（元社外取締役）のが実情だ。外部から来た車谷氏に対する社内の反発が強まったこともあり、まずは社内だが衆目の一致する人物はいない。綱川体制が意外に長く続くか、一気に若返る可能性もわずかにある。

社外から選ぶ場合、火中の栗を拾う人物が現れるか。東芝のトップ人事には経済産業省など国の意向も影響する。車谷氏が招聘された経緯でも、「嶋田さんの推薦で、もっといえば菅さん」と前出の元社外取締役は証言する。嶋田さんとは当時の嶋田隆経産事務次官であり、菅さんはいうまでもなく当時官房長官だった菅義偉（前）首相だ。

カギになるのは原子力、とくに東京電力との関係かもしれない。車谷氏は銀行時代に福島第一原発事故後の東電の再建案作りに関与した。そのときの働きで嶋田氏ら経産省人脈と太いパイプができた。東芝の社外取締役議長を務めた小林喜光氏や現社外取締役の藤森義明氏は東電（ＨＤ）の社外取締役の経験がある。小林氏は次の東電ＨＤ会長に内定している。

経産省には電力会社やメーカーを横断した原子力事業の再編を進めたい思惑がある。東芝の次期トップ人事はそうした問題が影響する可能性がある。

（山田雄大）

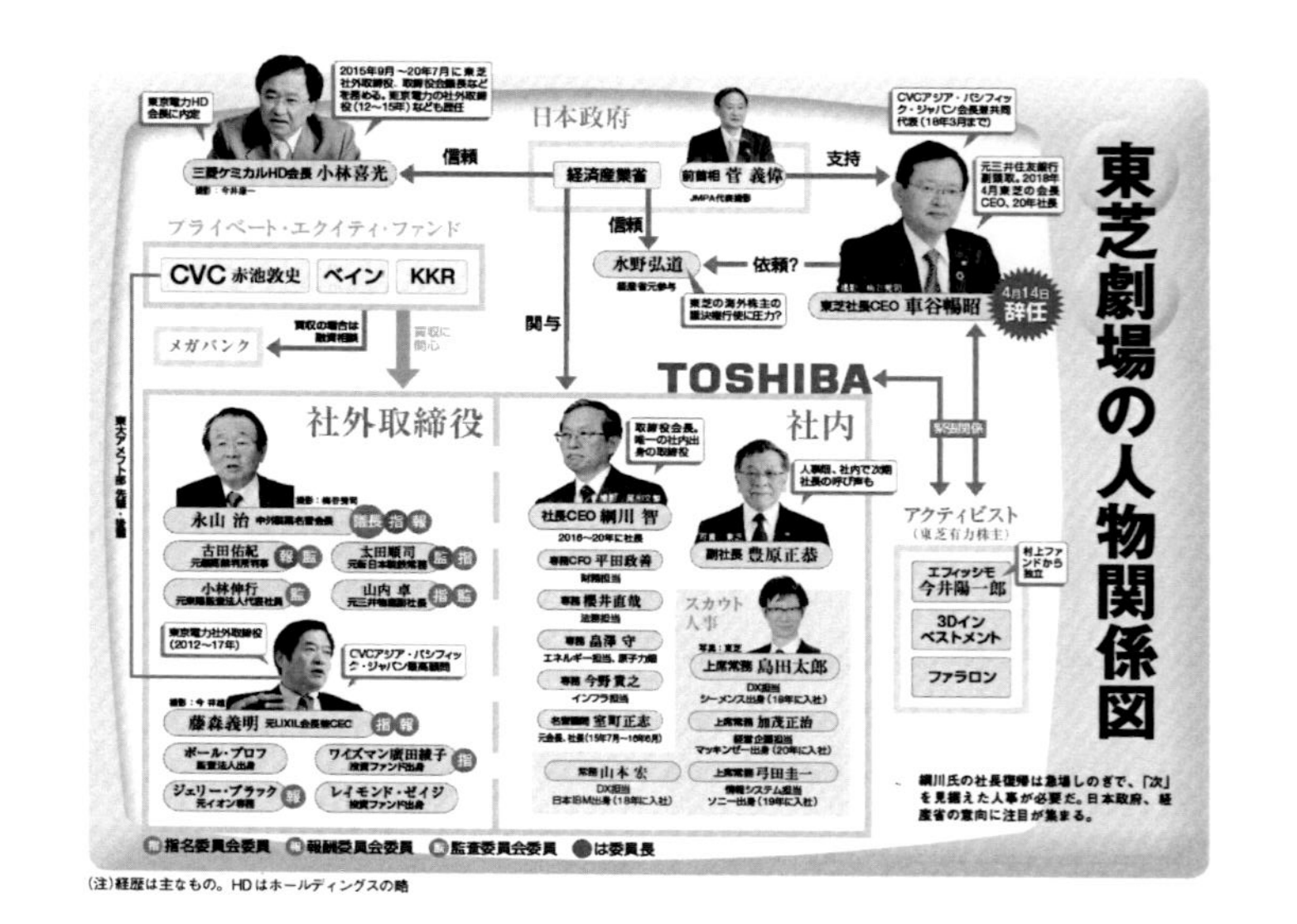

(注)経歴は主なもの。HDはホールディングスの略

4000億円の儲けを生む

ファンドが東芝を狙うLBOマジック

1株5000円……。CVCキャピタル・パートナーズが東芝への初期買収提案で示した株価である。CVCに限らず東芝買収に関心を示すファンドは存在している。一部には6000円という声もある。

買収報道の前日の株価は3830円。5000円なら31%、6000円なら57%のプレミアムを乗せた水準。時価総額は前日株価で1兆7430億円だが、5000円なら2兆2750億円、6000円なら2兆7312億円になる。

それだけの巨費を投じてでも買収したい魅力が東芝にはあるのか。

「株価5000円なら買った瞬間に儲かる」と、米ゴールドマン・サックスのすご腕

M&Aアドバイザーとして鳴らした早稲田大学ビジネススクールの服部暢達客員教授は言い切る。

カギは、プライベートエクイティー・ファンド（PEファンド、バイアウトファンドと呼ばれることも）が用いるLBO（レバレッジドバイアウト）スキームにある。

LBOとは、「買収先資産を担保に資金を調達する買収手法」だ。買収のために設立された特別目的会社（SPC）が、借金と自己資金を組み合わせて企業を100％買収する。買収後にSPCが当該企業と合併するため、買われた側は大きな借金を抱える羽目になる。

1株5000円で東芝を100％買収するには、前述したように2兆2750億円が必要だ。東芝の純有利子負債（有利子負債マイナス現預金）も負担することになるので、買収総額は2兆4104億円となる。仮に自己資金4104億円と借金2兆円で賄うとしよう。「ゼロ金利や、東芝のEBITDA（利払い前・税引き前・償却前利益）を考えれば、邦銀から2兆円を金利3％で借りることは十分に可能」（服部教授）。

先の営業利益1100億円は、4月時点での21年3月期の会社予想の数字。このときの予想純利益は７００億円で、株価３８３０円のＰＥＲは２４・９倍だった。ＬＢＯ後も収益力（営業利益）が変わらなければ、２兆円の年間金利負担６００億円と税負担を引いたＬＢＯ後の想定純利益は３２０億円。これにＰＥＲ２４・９倍をかければ時価総額７９６８億円となる。

■東芝を買った瞬間に利益を出せる
―LBO(レバレッジドバイアウト)による儲け方のイメージ―

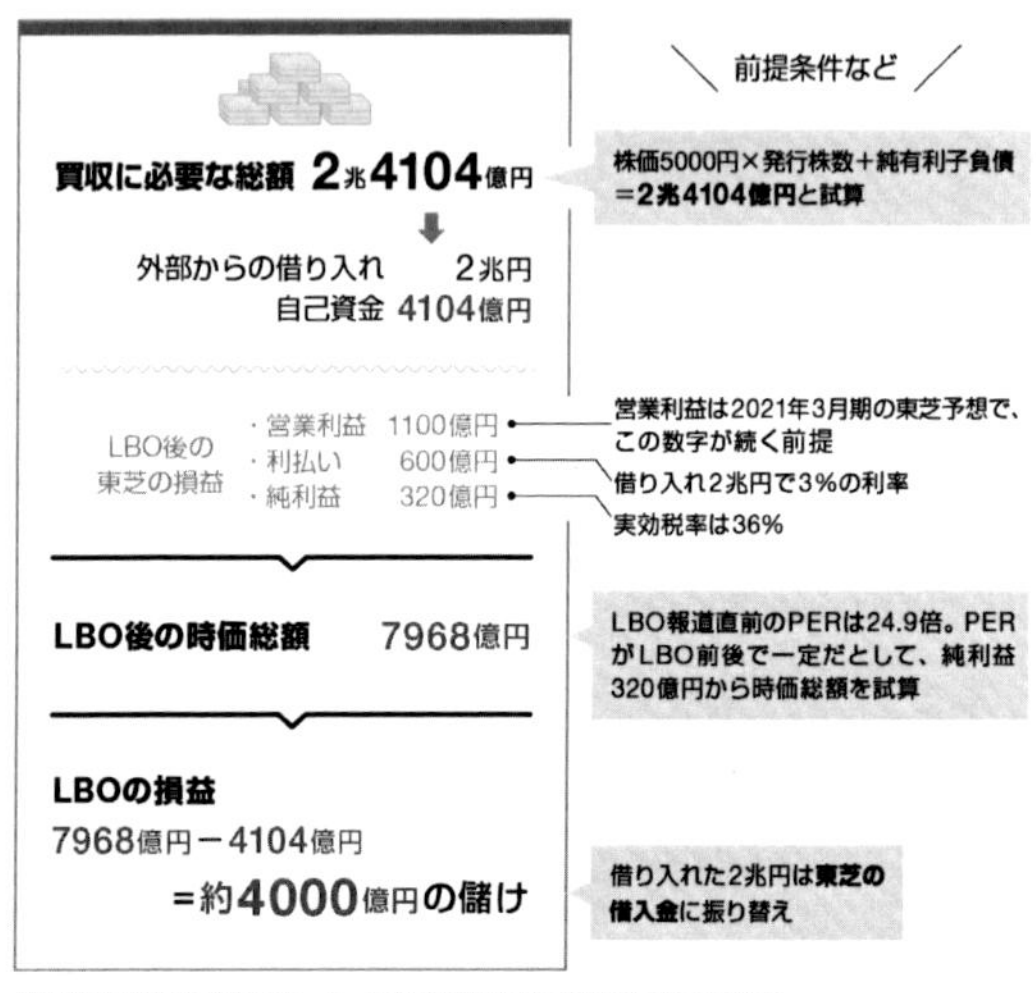

(出所)早稲田大学ビジネススクール・服部暢達客員教授への取材を基に本誌作成

本質的な価値は生まない

時価総額が大きく減るが、ファンドは４１０４億円しか出していないので、４０００億円弱の利益が出るという計算が成り立つ。

きつねにつままれたように感じる向きも多いかもしれない。ＬＢＯの前と後でＰＥＲが一定という前提は成り立つのか。「借金の増加で財務内容は悪化し、純利益の絶対値も下がる。一方、ＰＥＲは予想利益の成長率で決まる。株式市場が予想していた純利益の増加額が同じなら、純利益が小さくなった分だけ予想成長率は大きくなる。むしろＰＥＲが高まってもおかしくない」と服部教授は解説する。

もっとも、ＬＢＯの直後に再上場すれば、財務体質の悪化が嫌気され、７９６８億円より低い時価総額になる可能性は高い。しかし、３～５年間経営して業績の安定を示し、借金の返済が進むと、ＬＢＯ前と同水準のＰＥＲとなる事例はいくつもあるという。

ＬＢＯの前と後でＰＥＲが一定、金利３％の前提なら、理論上は１株７５００円でも利益が出る。期待する最低リターンや事業リスクを織り込んだうえで、６０００円程度までなら許容範囲と考えるファンドが出てもおかしくない。

経営陣が反対している場合、敵対的買収になる。すると、買収金額が高騰してリターンが減る、買収後の経営で幹部の協力を得られないといったリスクが増すため、踏み切るかは別問題ではある。

ただ、LBO後に生まれるフリーキャッシュフローで借金を返済すれば、その分だけ株主価値（時価総額）が増加しリターンを大きくできる可能性が高い。東芝の場合、半導体メモリー会社キオクシアホールディングスの株式約4割や量子暗号など将来性のある技術も持っており、リターンの上積みを狙う余地がある。

つまりPEファンドにとって東芝は魅力的な案件なのだ。ただし、LBOでステークホルダーすべてがハッピーとは限らない。既存株主はプレミアムを得て株式を売却できるが、企業は押し付けられた借金に苦しむことになる。

ファンドが経営改善の魔法を持っているわけではない。だが本質的な価値を上げなくても儲けられるのがLBOマジックである。業績が悪化し、膨らんだ金利負担で倒産する企業もある。そのリスクを取ることでファンドはリターンの機会を得るのだ。

（山田雄大）

「パンドラの箱が開けられた」

ファンドは買収検討を継続中

ＣＶＣキャピタル・パートナーズによる事実上の「中断宣言」によって、尻すぼみになったように見える東芝への買収提案。しかし、実はまだその火種は「くすぶり続けている」（ファンド幹部）という。

東芝の買収をめぐっては、ＣＶＣの提案以降、米ＫＫＲ（コールバーグ・クラビス・ロバーツ）や、カナダのブルックフィールド・アセット・マネジメントなど、複数のファンドの名前が取り沙汰されてきた。

しかし、その後は具体的な買収提案は出されていない。そのため、ＣＶＣ同様に中断したのかと思いきや、「具体的に提案するレベルに達していないだけで、引き続き検討はしている」と複数のファンド幹部は明かす。

株価を上げなければ

というのも、「CVCの提案によって、『パンドラの箱』が開けられてしまったからだ」と別のファンドの幹部は指摘する。

「日本を代表する東芝を丸ごと買収するなんて、どのファンドも考えていなかった。それがCVCの提案により、『手持ち資金で十分買えるじゃないか』と気づいてしまった」（ファンド幹部）のだ。

ただ、提案に至っていないのには理由がある。車谷暢昭氏の辞任後、東芝の経営陣が「上場は維持する」と断言しているからだ。

「ファンドにとって最大の敵だった車谷氏が辞任したため、会社側の意向に反して無理に買収する必要はない」（同）というわけだ。

その代わり、「企業価値を向上させて株価を上げてもらわなくては、われわれも黙ってはいられない。いつまでも静かにしているだろうと安心されても困る」とファンド幹部は語り、「いつでも買収に動けるよう準備は整えておく」と断言した。

（田島靖久）

再成長には高いハードル

「再生ミッションは成し遂げた」。東芝の車谷暢昭前社長は退任時に広報を通じて、そうコメントを発表した。本人にとっては不本意な退任だが、そんなことはおくびにも出さず、最後まで強気の姿勢を崩さなかった。

車谷氏は2018年4月にCEOに就任すると、多岐にわたった事業部門の整理に手腕を発揮した。LNG（液化天然ガス）や海外での原子力発電所建設から撤退したほか、物流や人材派遣、給与計算業務の子会社なども次々と売却。こうした構造改革に伴う人員削減は約1万人に上り、スリム化に成功した。

車谷氏が撤退基準にしたのが、売上高営業利益率5％を満たすかどうかだ。19年度までに大方の仕分けは終えたが、20年度まで判断を留保したのが、①火力発電所の建設、②システムLSI（大規模集積回路）、③HDD（ハードディスク駆動装置）、④産業モーター、⑤東芝テックの複合機事業だった。これらはモニタリング（監視）事業として位置づけられた。

20年度は、そのモニタリング事業に大ナタを振るった。半導体の一分野であるシステムLSIは、車載用途に活路を求めていたが、海外の競合に比べて規模が小さく赤字に苦しんでおり、撤退を決めた。今後はデンソーに採用されている画像認識プロセッサー「ビスコンティ」など既存製品の販売・サポートは続けるが、新規開発は中止する。

システムLSIは自動運転時代の主役になるとの見方もあったが、開発費が莫大で投資負担が重かった。社内からは「今までだったらずるずると続けていた。銀行出身者の車谷氏だからこそできた」と評価する声が上がる。一方では、一連の経営危機によって半導体メモリー事業を手放しており、「東芝に残して育成すべき半導体こそビスコンティだった」という無念の声もある。

事業整理の過程で車谷氏は冷徹に事を進めた。システムLSIを含むデバイス部門を長く率いてきた執行役上席常務だった福地浩志氏を20年4月にグループの旅行会社に左遷。福地氏の代わりにデバイス部門を率いることになったのが、車谷氏の下で経営企画部長を務めた佐藤裕之・執行役上席常務だ。その佐藤氏を支えるのが、同じく20年4月から経営企画・経営戦略を担当する、マッキンゼー出身の加茂正治・執行役上席常務である。いずれも車谷氏の懐刀であり、リストラの推進役だ。

このほかモニタリング事業のうち、石炭火力発電所の新規建設からの撤退も決め、今後は建設から保守サービスにシフトさせることで採算改善を目指す。既存設備の修繕などで蒸気タービンの製造・販売は続けるが、火力発電事業は事実上、大幅に縮小する方針だ。

一方、HDD事業はデータセンターなどへの採用が進み、利益率5%達成は可能としている。産業モーターも収益改善が進んで監視対象から外した。

残るは上場子会社の東芝テックが手がける複合機事業だ。同事業は21年3月期に2年連続で赤字となった。国内より海外の比率が高いが、海外でも厳しい。世界的なリモートワークの普及で市場そのものも縮小傾向にある。東芝テックはすでに国内外で約700人を削減したが、利益率5%の基準には届いていない。東芝テックの幹部は「外部企業とのアライアンスなどを含めた、あらゆる選択肢を検討している」と、さらなるリストラを示唆する。

実質的に2年先延ばし

東芝の再建は業績を見れば順調だ。20年3月期の連結決算は本業の儲けを示す営業利益が前期比3・7倍の1305億円を達成。インフラ系が堅調だったほか、パソコンなど不採算案件の売却やリストラ効果で、売上高は大きく減っても大幅増益となった。

■リストラで黒字維持するが縮小均衡に

―東芝の連結業績推移―

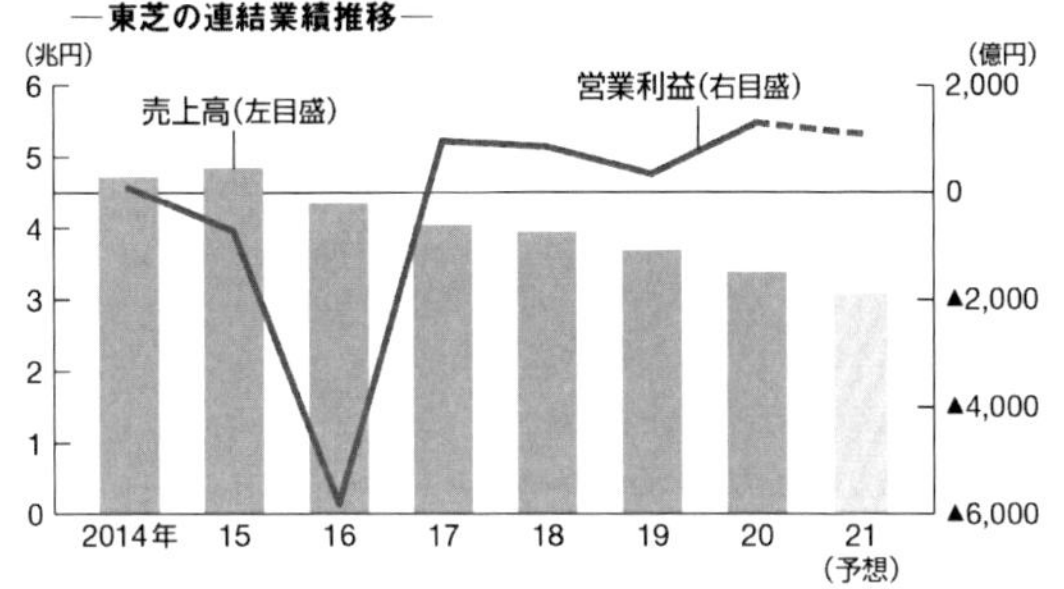

(注)各3月期。▲はマイナス
(出所)有価証券報告書

一方で、持続的な将来成長はまだ見えていない。20年秋に公表した中期経営計画「東芝Ｎｅｘｔプラン」では、「26年3月期に売上高4兆円、営業利益率10％」。従来の中期計画では「24年3月期に売上高4兆円以上、営業利益率8～10％」としており、目標を実質的に2年先延ばしした形だ。ただし、このとき東芝は、「従来計画はコミット（必達目標）ではなかった。今回は現実に照らして修正しただけ」と弁明していた。

それでも、東芝が21年3月期に見込むのは、売上高が前期比9％減の3兆0700億円、営業利益は同16％減の1100億円。コロナ禍もあるが、営業利益率は3・6％にとどまり、営業利益率10％のハードルはかなり高い。

車谷氏は、東芝は過去3年間で構造改革と固定費のコントロールにより1300億円ほど利益を積み増しており、今後5年でさらに1300億円を追加で積み増すことが可能だとしていた。こうしたコスト削減重視の方針に対して、現場の各所からは「すでに十分に乾いた雑巾を、さらに絞るのか」という怨嗟の声が上がっていた。

車谷氏は今後の東芝については、「インフラサービス会社を目指す」と断言していた。

これは後任の綱川智社長の下でも変わりないだろう。すでに納入しているインフラ機器の付随サービスで、売り上げ増を確保する狙いだ。機器納入後の保守やサービスは数十年と長期にわたり、利益率が高い。

■5年後の目標は高い
—東芝Nextプラン—

	2021年3月期（予想）	2026年3月期（目標）
売上高	3兆0700億円	4兆円
営業利益	1100億円	4000億円
ROE	5%	15%

■インフラ関連が利益柱
—東芝の2020年3月期の部門別営業利益—

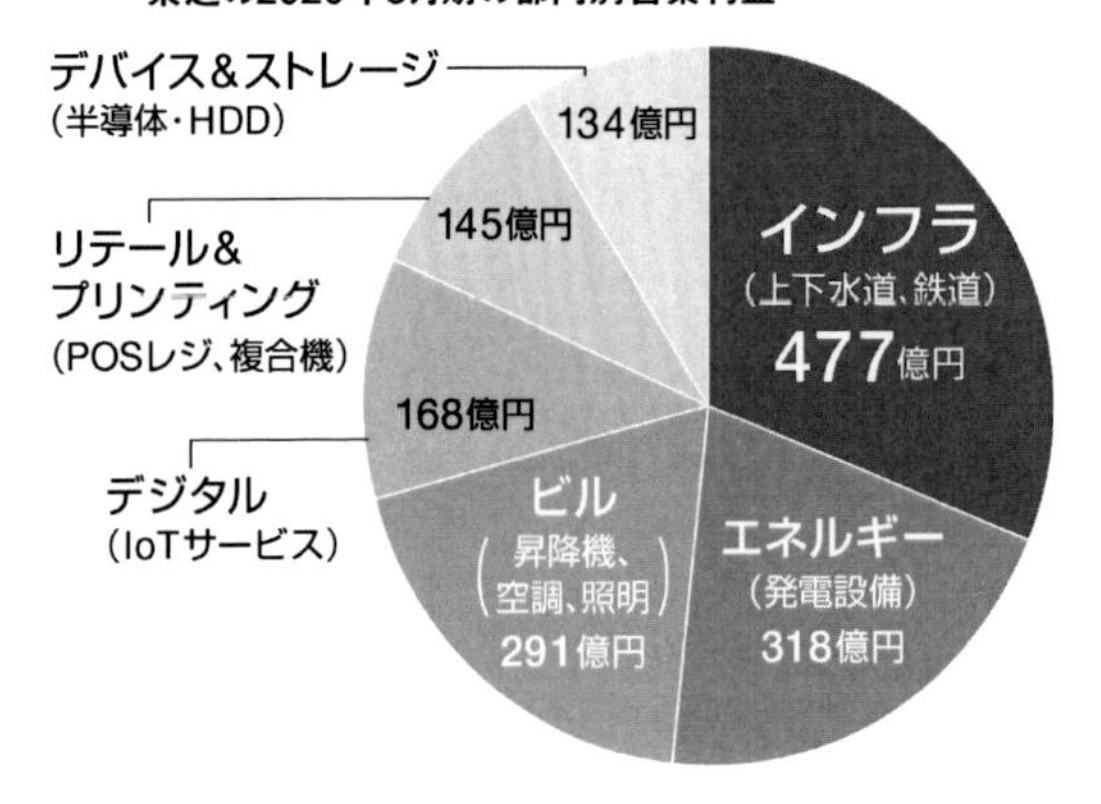

モノ売りから脱却し、ＩＴやＡＩ（人工知能）などを使って顧客のビジネスを継続的に支えるやり方は、日立製作所や独シーメンスなど競合がすでに手がけている。いずれも高い利益率を出しており、「方向性は間違っていない」（株式市場関係者）との声もあるが、後発企業の挽回は難しい。

また再生可能エネルギー関連事業へのシフトもアピールしてきた。２０年３月期に１９００億円だった再エネ事業の売上高を２６年３月期に３５００億円、３１年３月期には６５００億円へ急拡大させるものだ。その資金として、今後3年で１６００億円と過去3年間の5倍に当たる額を投じる計画。車谷氏はとくに風力発電に本格参入する方針を強調していた。だが、欧米メジャーが席巻しているのが実情で、コスト競争力で劣る日本勢は日立が１９年に撤退。三菱重工業も欧州大手に頼る。東芝は5月１１日に米ＧＥとの提携を発表したが、収益貢献には時間がかかる。

車谷体制で東芝が高い目標を掲げてきたのは、株価とモノ言う株主を意識していたからだ。リストラによって経営再建は見た目としては進んだが、新たな成長の〝種〟ははっきりしない。今後は縮小均衡のおそれさえある。早晩、車谷路線の見直しが、新たに必要になってくるだろう。

（冨岡　耕）

宙ぶらりんのキオクシア

「ＩＰＯ（新規株式公開）でも買収でも何でもいいから、戦略投資ができる体制を早くつくらないと」。日本の半導体業界関係者がそう指摘するのが、２０１８年６月に東芝から米投資ファンドのベインキャピタルなどの日米韓連合に売却されたキオクシアホールディングス（旧東芝メモリ）だ。かつての経営危機で債務超過に陥った東芝本体を救うべく、株式が売却され、持ち分法適用会社にすぎなくなった（東芝の債務超過自体は１７年末の増資で解消）。

東芝が「今は経営に関与していない」とするこのキオクシアが、東芝の株主にとってもう1つの「金のなる木」と目されている。

というのも、東芝はキオクシアに再投資し、今でも普通株の約4割を保有しており、その簿価は2861億円である。2020年10月に一度断念した上場計画では、20年8月時点での当初の売り出し価格が1株3960円。もし株式市場でその価格がつけば、東芝が保有するキオクシア株式の価値は8327億円にもなる。首尾よく売却できれば配当などで株主にも還元することができる。計画時に東芝は保有分の2割を売却、税金などを引いた利益1000億円のうち500億円を株主還元に回すと宣言していた。

ところが、20年10月の上場計画は直前に頓挫する。キオクシア側は、中国ファーウェイに対する半導体輸出規制強化をはじめとする米中摩擦の激化を理由として挙げたが、実際は違うとの見方が強い。売り出しに対する投資家の反応が薄く、思うような値段がつかなかったのだ。9月には売り出し価格の引き下げに追い込まれていた。

キオクシアが製造する半導体、NAND型フラッシュメモリーは市況の浮き沈みが激しい。売却直前の18年3月期には同事業で営業利益4791億円、利益率にして40%をたたき出した。ところが直近では20年4~12月の9カ月で268億円しか利益を出せていない。東芝がこの事業を切り出した背景には、経営危機への対応だけではなく、ボラティリティーの高い事業を手放して経営の安定性を高める狙いもあった。

一方、巨額の設備投資や研究開発費が求められる半導体事業では迅速な経営判断が必須。半導体部門には、過去の不正会計や投資判断の誤りへの反省から意思決定に時間がかかりがちな東芝からは早く離れたいという思いも強かった。

気づけば外資が過半出資

晴れて東芝の「くびき」を逃れたキオクシアだったが、一筋縄ではいかない事情も残った。半導体を「日の丸産業」として残したい経済産業省などの思惑もあり、当初は議決権の過半数を日本企業が保有するスキームが組まれていた。

現在のキオクシアの株主構成は、次図のとおり。東芝のほかに、ベインや韓国の同業・SKハイニックスなどでつくる特別目的会社が約56%、眼鏡レンズ大手のHOYAが約3%を保有する。このうち、同業のSKハイニックスの間接出資には28年まで議決権を15%超保有できないよう制限される特別条項が付されている。このほか日本政策投資銀行が議決権のない優先株を保有するなど、キオクシアの資本構成は複雑だ。

日本勢である東芝とHOYAの持ち分は当初は5割を超えていたが、現在は5割を割っている。これは上場準備でベイン連合の優先株を転換したためだ。もともと、上場すれば保有比率が下がることから当時は問題視されなかったが、結果的にそのまま半年以上放置されている。外国資本制限も、今やなし崩し的に「なかったこと」にされつつある。

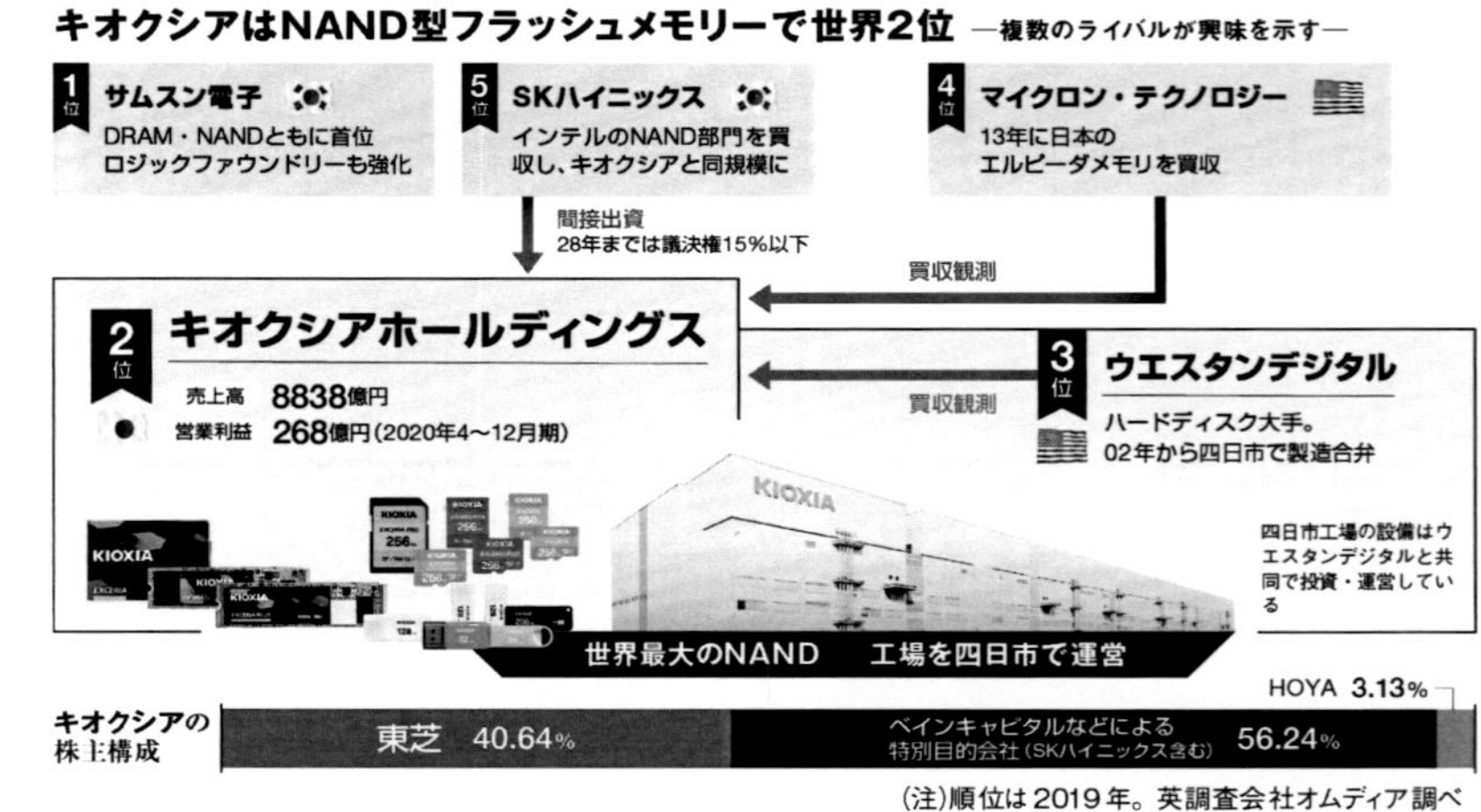
キオクシアはNAND型フラッシュメモリーで世界2位 ―複数のライバルが興味を示す―
1位 サムスン電子
DRAM・NANDともに首位
ロジックファウンドリーも強化
5位 SKハイニックス
インテルのNAND部門を買収し、キオクシアと同規模に
4位 マイクロン・テクノロジー
13年に日本のエルピーダメモリを買収
間接出資
28年までは議決権15%以下
買収観測
2位 キオクシアホールディングス
売上高 8838億円
営業利益 268億円(2020年4〜12月期)
3位 ウエスタンデジタル
ハードディスク大手。
02年から四日市で製造合弁
買収観測
KIOXIA
四日市工場の設備はウエスタンデジタルと共同で投資・運営している
世界最大のNAND 工場を四日市で運営
キオクシアの株主構成
東芝 40.64%
ベインキャピタルなどによる特別目的会社(SKハイニックス含む) 56.24%
HOYA 3.13%
(注)順位は2019年。英調査会社オムディア調べ

ライバルが買収検討

2021年3月末、同業の半導体2社によるキオクシア買収観測が突如持ち上がった。協業相手の米ウエスタンデジタル（WD）とNAND4位の米マイクロン・テクノロジーがそれぞれ別々に買収可能性を検討していると米紙が報じたのだ。買収価格はどちらも約300億ドル（約3兆2700億円）と、株式上場時の時価総額よりも高くなる。

仮に3兆円を超える額でキオクシアが買収されるとすれば、株主である東芝は1兆円を超える資金が手に入ることになる。買収で得られるかもしれない利益が、ファンドによる東芝買収の呼び水になったとの見方もある。

WDは、キオクシアと長く工場を共同運営してきた経緯がある。マイクロンも13年に同じく半導体メモリーの一種であるDRAMを製造する日本メーカー、エルピーダメモリを買収。広島県の工場が稼ぎ頭になっている。ともに日本での工場運営には実績がある。そのため、どちらが買収しても統合は難しくないとみられる。

半導体業界では、毎年巨額買収が当たり前のように発生する。首位の韓国サムスン電子に対抗するためにどの会社も規模拡大を狙っており、最近ではＳＫハイニックスが米インテルのＮＡＮＤ部門を買収することを決めた。キオクシアの買収観測も以前から浮かんでは消えており、実現するかは不透明であるものの、現状の打破を狙う2社にとっては机上の空論ではない。もちろん、現在も間接出資をするＳＫハイニックスもこの状況を黙って見過ごすはずはない。

寡占化が進んでいるＮＡＮＤの分野で、首位のサムスンに差をつけられているものの、ＷＤと共同運営する主力の四日市工場は世界最大のＮＡＮＤ工場だ。２０２１年2月にはさらなる能力増強に向けた新製造棟の建設に着手した。この新棟には1兆円程度の費用がかかる見込み。負担はＷＤと分け合うが、それでも毎年３０００億円規模の設備投資費が必要だ。この業界で生き抜くには、思い切った投資判断と、安定的な資金調達が欠かせない。そのために早期の株式上場を目指しているのだ。

いずれにせよ、上場もできないままになっているキオクシアは、大がかりな戦略を描けずにいる。現在は競争力のある位置につけているが、いつまでもこの地位を守れるほど状況は甘くない。冒頭の関係者の懸念はそうした状況をよく表している。

ＮＡＮＤはかつて東芝が世界で初めて開発・量産にこぎ着けた日本半導体業界の誇るべき実績だ。東芝が現状のまま持ち分を保有し続けていてはキオクシアは成長できず、東芝の利益は限られる。そうした中で、どのように出口戦略を描くのか。その選択は今もなお東芝に強い影響を及ぼしている。

（高橋玲央）

外為法は買収の障害物か

2021年4月、英投資ファンドによる東芝買収提案が発覚した直後、梶山弘志経済産業相は会見で「個別企業の案件には答えない」と言いつつも、強い関心を持っていることを隠さなかった。

「原子力などの重要インフラや半導体、防衛に関わる事業などを実施する日本企業を海外投資家が買収する際には外為法に基づく届け出が求められる。今後、東芝において当該事業を継続し発展させることのできる体制が構築されるか、多大な関心を持って注視をしていく」

このときの買収提案はファンド自ら「暫時検討を中断する」としたことで、終息してしまった。東芝側の反発が想定以上に強かったからだ。同時に改めて注目されたのが、経済安全保障を担う企業と海外投資家との関係だ。

外為法（外国為替及び外国貿易法）では、国家の安全保障上の重要な業務を営む企業の株式を海外投資家が取得する際の規制を定めている。2020年5月に改正法が施行され、上場企業株を取得する場合の事前届け出（と政府審査）の基準が、従来の「10％以上」から「1％以上」に引き下げられた。

改正は東芝のため？

もう少し詳しく説明しよう。安保上重要な業種を武器、航空機、原子力、宇宙関連、軍事転用可能な汎用品の製造、サイバーセキュリティー関連など12の「コア業種」と、放送、農林水産、航空運輸など「ノンコア業種」に指定。法に違反して株式を取得すると、売却命令や刑事罰を受ける可能性がある。

この改正外為法をめぐっては、素案段階から「東芝のため」「アクティビスト対策のために車谷暢昭氏が経産省に働きかけて作らせた」という見方があった。というのも、事前届け出を免除する制度も導入されたが、「関係者が役員に就任しない、指定業種に属する事業の譲渡・廃止を株主総会に提案しない、非公開の技術情報にアクセスしない」といった条件になっていたからだ。

さらに海外の投資ファンドなどの「一般投資家」がコア業種に10%以上投資する場合は事前届け出が免除されないうえ、1%以上10%未満でも前述の条件のほか、「コア業種に属する事業に関して、重要な会議に参加しない、取締役会に期限を付して回答・行動を求めて書面で提案を行わない」との追加条件がある。これがアクティビストの活動の障害になりうると、国会審議の段階から現在に至るまで海外投資家から反発があった。

「さすがにそれ（東芝のため）はない。どこの国も安保上の重要な企業への投資を制限する法律を持っている。米国などはもっと厳しい」と外為法を所管する財務省関係者は噂を一笑に付す。実際、東芝救済説は都市伝説に近い。

改正外為法では、海外の国有企業に関してはコア、ノンコアにかかわらず免除制度の対象外で1%以上から事前届け出を義務づけている。米中対立が深まる中、経済安保強化は米国の要望でもあった。

ただ、アクティビストや、企業を丸ごと買収するようなプライベートエクイティー（PE）ファンドなどによる日本企業への投資を阻害する機能が外為法にあることもまた事実だ。

■コア業種では外国人株主に対して規制がかかる

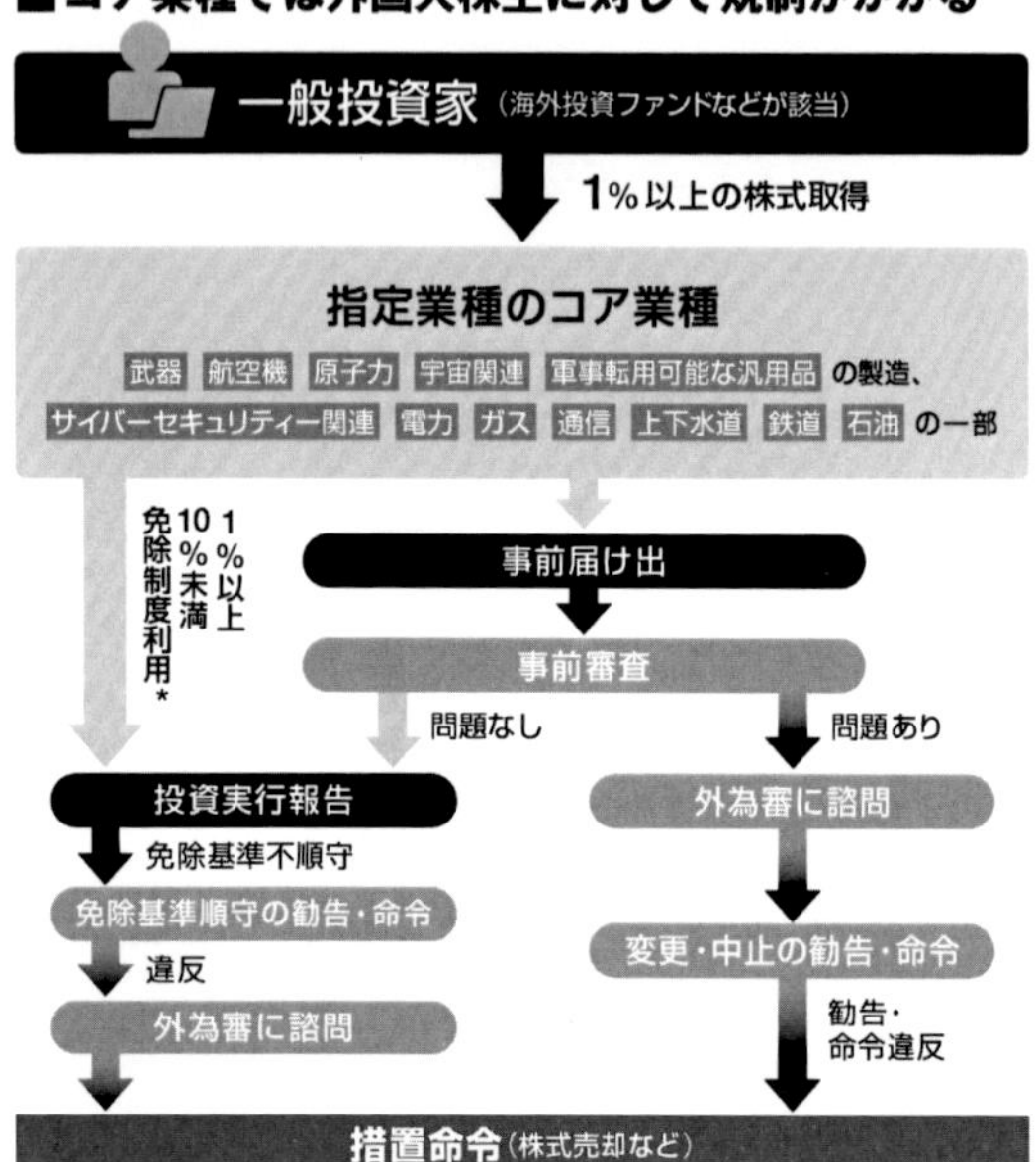

（注）＊は外国投資家またはその密接関係者が役員に就任しない、指定業種に属する事業の譲渡・廃止を株主総会に提案しない、指定業種に属する事業にかかる非公開の技術情報にアクセスしない、コア業種に属する事業に関し重要な会議に出席しない、など

２０２０年７月、同月末に開く定時株主総会を前に、東芝社内には緊張感が漂っていた。東芝株を約１５％保有する筆頭株主のエフィッシモ・キャピタル・マネージメントと、約２・６％保有する３Ｄインベストメント・パートナーズが、それぞれ独自の取締役候補の選任を求める株主提案を行ったからだ。

東芝は２０１７年１２月、海外ファンドを引受先に６０００億円の第三者割当増資を行った。これによって１８年３月末の債務超過を解消して上場廃止を免れた。その代償として海外株主の比率は６割を超え、アクティビストの発言力が増大。東芝経営陣は対応に苦慮していた。

東芝とアクティビストの争いは経産省に飛び火する。エフィッシモが提案した取締役候補に、同ファンドのディレクターを務める今井陽一郎氏が入っていたことで審査が必要になったからだ。エフィッシモは旧村上ファンド出身者が設立したファンドだが、拠点をシンガポールに置く「外資」である。財務省と、事業所轄官庁すなわち経産省が審査を行うことになった。

この審査は改正後の第１号と見なされ、海外の機関投資家からの注目を集めていた。

「見なされ」ていたのは財務省や経産省はどの案件が外為法に抵触したかを公表しないため。審査の内容や結果も当事者以外は知ることができず、恣意的な運用が行われかねないとの懸念を海外投資家は持っていた。エフィッシモの審査は改正前に説明されていたよりも長引いたとされており、「安保を理由に東芝に肩入れしてアクティビストを排除しようとしているのではないか」といった批判の声が一部の投資家から上がった。

経産省が海外投資家から疑惑の目で見られるのには相応の理由がある。過去には事務次官による投資家軽視の発言があったし、現に東芝に関してはさまざまな形で経営に関与してきたからだ。

東芝は原子力や半導体、防衛関連など安保上の重要な事業を複数手がけている。資本の論理でそうした事業を譲渡・廃止されてはたまらないと経産省が心配するのは、当然といえば当然である。しかし、国が海外資本から守り支援したところで、事業が成功するわけではない。

その典型が東芝の原子力事業だ。東芝は2006年に原子炉メーカー、米ウエスチングハウス（WH）を買収し世界への雄飛を狙った。この買収では、国は三菱重工業を推していたものの、東芝が勝利すると原発輸出を国も後押しするようになった。原発輸出はもくろみどおりには進まず損失が膨らんだが、東芝の撤退判断は遅く傷を深めた。国の関与が、臨機応変の対応を難しくした側面がある。

安保の観点から守るべき事業や企業があることは確かだ。同時に海外からの投資マネーも必要だ。そのバランスをどう取ればいいのか。東芝のケースはその答えが簡単ではないことを示している。

（山田雄大）

東芝に甘すぎる東証

投資ファンド、ＣＶＣキャピタル・パートナーズによる東芝買収騒動はとりあえず収束した。ＣＶＣの初期提案が具体性を欠くため、東芝が評価するに至らなかったのが表面上の理由だ。

東芝は「上場会社としてのメリットを生かすことが、企業価値の向上につながると現時点では確信しているが、非上場化を含め様々な企業価値向上のための提案を選択肢として排除するものではない」（4月20日公表のIRリリース）としている。

もっとも、この説明を額面どおりに受け取る向きは少ない。ＣＶＣの提案が具体的なものにならなかったのは東芝の拒絶が強かったからだ。「21年1月に東証1部に復帰したばかり。上場廃止などとんでもない」「ファンドに切り売りされてはたまらない」。複数の東芝関係者の言葉の端々には、非上場化を前提にした買収提案など論外という本音がうかがえる。

東芝は2015年の不正会計を機に上場廃止の危機にさらされてきた。危機を回避するために医療機器や半導体メモリーといった虎の子事業の売却に追い込まれたほか、17年に実施した6000億円の第三者割当増資で登場したモノ言う株主との緊張関係が生じるなど、株式市場や株主との間合いは、つねに経営の重要課題だった。

東証が東芝をアシスト

東芝が上場廃止を免れたのには、東京証券取引所によるアシストもあった。東証は2015年9月、東芝を特設注意市場銘柄（特注）に指定した。特注は内部管理体制に問題がある上場企業に一定期間での改善を求める制度だ。改善がないと東証が判断すれば上場廃止となる。

通常は1年半後とされる判断時期の少し前から東芝の経営は混乱に陥っていく。

16年11月には子会社での売り上げ過大計上が発覚した。翌月末には米国での原子力発電事業の巨額損失リスクが浮上、最終的に子会社の米ウエスチングハウス（WH）が倒産した。東芝は17年3月期に1兆円近い最終損失を計上し、債務超過に転落した。

さらに米原子力事業関連損失の計上時期をめぐってPwCあらた監査法人と対立。決算発表の延期を繰り返した揚げ句、四半期報告書にあらたが意見を「不表明」とする事態を招いた。提出が規定より2カ月遅れた17年3月期有価証券報告書では、監査報告書に「限定付適正」、内部統制監査報告書には「不適正」の意見がついた。

主な不祥事と東証の対応

年	月	出来事
2015年	4月	不正会計疑惑が発覚
	9月	6年9カ月分の決算を修正 東証が特設注意市場銘柄（特注）に指定
16年	3月	医療機器子会社を売却
	12月	米国原子力事業での巨額損失リスクが浮上
17年	2月	第3四半期決算発表がたびたび遅延
	3月	米ウエスチングハウス社が倒産
	4月	監査意見不表明の第3四半期決算を発表
	6月	有価証券報告書の提出遅延 東証のルールで東証1部から2部へ指定替え
	8月	遅延していた2017年3月期決算発表 17年3月末時点での債務超過を確認 内部統制監査報告書に不適正意見
	10月	東証が特注の指定を解除
	11月	6000億円の第三者割当増資を発表
	12月	子会社で不正会計が判明
18年	5月	18年3月期末時点での債務超過解消を発表
	6月	半導体メモリー子会社を2兆円で売却
19年	10月	海外子会社での不正を開示
20年	1月	子会社の架空取引が発覚
	4月	東証1部への指定を申請
	9月	株主総会での議決権行使集計の漏れ発覚
21年	1月	東証1部への指定を承認
	3月	臨時株主総会で株主提案が可決
	4月	CVCによる買収・非上場化提案 車谷暢昭社長が辞任

（注）赤の文字は不正会計に関わる事柄。青の文字は東証の対応

これほどの不始末があっても東芝に退場宣告をしない東証に対して、市場関係者からは「特別扱いではないか」という批判の声が上がった。しかし、そんな声は聞こえないかのように、17年10月には東証（の自主規制法人）は、臨時理事会を開いてまで東芝の特注解除を決めた。

この2週間後に東芝は臨時株主総会を控えていただけに、「株主総会で、経営陣に対する株主の反応を見てから判断するべきだった」と、この年の6月まで自主規制法人の外部理事を務めていた久保利英明弁護士は東証を批判した。

振り返ると、東証による特注解除は絶妙なタイミングだった。前述した6000億円の第三者割当増資が発表されたのは約1カ月後。上場廃止リスクが残る特注のままでは増資は難しいが、解除によって道が開けたからだ。

米ゴールドマン・サックスが短期間で集めた資金の出し手は60の海外ファンドだった。エフィッシモ、3Dインベストメント、ファラロン――。現在も東芝と対立するアクティビストファンドも含まれている。増資はアクティビストを引き込み、東芝に厄災をもたらしたが、上場維持の支えになった。

この時期、特注指定からの上場廃止は逃れた東芝だったが、依然として危機は続いていた。18年3月末までに債務超過を解消できなければ、2期連続の債務超過という上場廃止基準に該当してしまう。

東芝は半導体メモリー事業会社を2兆円で売却し売却益で債務超過を脱する計画だった。が、各国の独占禁止法の審査などもあり、18年3月末までの売却完了は不安視されていた。実際、売却完了はこの年の6月までずれ込んだ。6000億円の増資がなければ債務超過で上場廃止だった。

東芝にとって上場企業の座は、東証まで巻き込み、道理を引っ込ませて死守したものだ。しかも、債務超過で落ちた2部から21年1月に1部に戻ってきたばかり。これも、ルールを東証が変えてくれたおかげで約1年早く実現できたものである。「選択肢として排除するものではない」としたところで、買収・非上場化案など受け入れられる代物ではない。

しかし、上場している以上、原則として株を買われることを拒否はできない。そもそも、買収されるのが嫌ならば、3年前に無理をしないで上場廃止となっておくべきだった。メモリー事業の売却が決まっていた東芝は、上場していなくても倒産の心配はなかったはずである。

不正会計での上場も免罪

2021年4月29日、大型連休の初日である昭和の日、東証はユー・エム・シー・エレクトロニクス（UMC）の特注指定を翌日付で解除すると発表した。電子機器の受託製造を行うUMCは14年3月期から19年3月期にかけ不正会計を行い、19年12月に特注に指定されていた。20年4月に別の不正会計が発覚したものの、東証は「相応の内部管理体制が構築、運用されていることが認められた」として東証1部に残ることを許した。

UMCは16年3月に東証に上場し、18年には公募増資も実施している。上場時には約45億円を調達、大株主は株式売り出しで約11億円を手にした。18年の増資では約87億円を調達している。いずれも「継続的かつ組織的な不適切な会計処理」

による「虚偽の決算情報」に基づいたものだ。

東証はＵＭＣに対して４８００万円の上場契約違約金を課しただけで、１部での上場維持を認めた。証券取引等監視委員会は４億円弱の課徴金納付を命じたが、企業や経営者個人に対する刑事告発は行っていない。株式市場を悪用して大金をせしめた割に罰は軽い。

不正会計など内部管理体制の問題で上場廃止となるのは、企業の体を成していないごくわずかな会社だけ。東芝の無理筋上場を許した結果か、ＵＭＣ程度ならやった者勝ちである。こうして株式市場の信頼性は損なわれる。喜ぶのは問題企業とその株主だけだろう。市場全体にとって、それは大いなる不幸である。

（山田雄大）

東芝・社外役員の通信簿

外部の目によって、経営の暴走や不正の未然防止を期待されているのが、社外取締役や社外監査役などの社外役員だ。不祥事や巨額買収の判断ミスが相次ぐ東芝では社外役員がどう機能したのか。本誌では重大な判断ミスや不祥事の際に在職していたかを基準に、社外役員の通信簿を独自に作成した。

その結果、及第はゼロ。複数の判断ミスや不正を見逃した社外役員が目についた。その中からとくに有名な経営者や知識人の社外役員としての行動を振り返ろう。

同窓・同門に異を唱えず

東芝は2001年6月に社外取締役を3人体制とし、取締役の任期も1年に短縮した。この年に社外取締役となったのが鳥居泰彦・元慶応義塾長だ。慶応大学は当時東芝の会長だった西室泰三氏の母校である。西室氏は05年に相談役に退いていたが、米原発メーカーのウエスチングハウス買収を事実上推進した人物の一人。だが西室氏らが推し進める巨額投資に、鳥居氏が「待った」をかけた形跡はない。

2007年には鳥居氏に代わり、佐々木毅・東京大学元総長が社外取締役に就任した。当時の社長、西田厚聰氏と佐々木氏はともに東大の政治学者・福田歓一氏の門下生だ。その佐々木氏らが社外取締役だった間に、不正会計は脈々と行われていた。「過大な収益目標の必達を強いる『チャレンジ』への不満が現場に充満していたのだから、社外取締役としてその不満を吸い上げられなかった責任は重い」と企業統治に詳しい郷原信郎弁護士は指摘する。

東芝は不正会計を受けて15年に経営体制を一新。社外取締役も伊丹敬之氏を除き総入れ替えした。取締役の過半を社外とし、民間企業の経営経験豊富な人物を中心に白羽の矢を立てた。その筆頭が三菱ケミカルHD会長で経済同友会代表幹事だった小林喜光氏だった。豊富な経験を生かし、不正を繰り返さない会社づくりを期待された。

その入れ替え直後に、東芝は米国の原発建設会社買収という、後に東芝を破綻の危機に追い込むほどの判断ミスをした。新たな社外取締役らはそれを見過ごした。

20年初には東芝子会社で循環取引や架空取引が発覚。東芝株に投資するファンド関係者の間で「東芝の体質は変わっていないのではないか」と不信感が募った。それでは、東芝社外取締役29人の通信簿を次表に示す。

及第点の社外取締役はゼロ
—東芝社外取締役29人の通信簿—

TOSHIBA

	通信簿	氏名	主な職歴	在任年数
現職	Ⓔ	古田佑紀	最高検察庁次長検事、最高裁判事	6年
現職	Ⓑ	太田順司	新日本製鉄常務	3年
現職	Ⓑ	小林伸行	東洋監査法人理事長	2年
現職	Ⓑ	山内 卓	三井物産副社長	2年
現職	Ⓑ	藤森義明	日本GE会長兼社長	2年
現職	Ⓑ	ポール・ブロフ	ノーブル・グループ エグゼクティブ・チェアマン	2年
現職	Ⓑ	ワイズマン廣田綾子	ASヒロタ・キャピタル創設者	2年
現職	Ⓑ	ジェリー・ブラック	イオン専務	2年
現職	Ⓑ	レイモンド・ゼイジ	ファラロン・キャピタル・アジアCEO	2年
現職	—	永山 治	中外製薬社長	1年
	—	谷口真美	早稲田大学商学学術院教授	1年
	Ⓔ	小林喜光	三菱ケミカルHD会長、経済同友会代表幹事	5年
	Ⓒ	佐藤良二	監査法人トーマツ包括代表（CEO）	4年
	Ⓒ	前田新造	資生堂社長・会長	3年
	Ⓒ	野田晃子	証券取引等監視委員会委員	4年
	Ⓒ	池田弘一	アサヒグループHD社長・会長	4年
	Ⓔ	伊丹敬之	一橋大学商学部長、東京理科大学研究科長	4年
	Ⓓ	島内 憲	外務省駐ブラジル大使	3年
	Ⓓ	斎藤聖美	ジェイ・ボンド東短証券社長	3年
	Ⓔ	谷野作太郎	外務省駐インド・中国大使	7年
	Ⓓ	小杉丈夫	弁護士	5年
	Ⓓ	平林 博	外務省駐インド大使	5年
	Ⓓ	佐々木 毅	東京大学総長	5年
	Ⓔ	古沢熙一郎	三井トラストHD社長・会長	5年
	Ⓔ	清水 湛	広島高裁長官	5年
	Ⓒ	鳥居泰彦	慶応義塾長	6年
	Ⓒ	橋本俊作	さくら銀行頭取	6年
	—	筧 榮一	検事総長	3年
	—	稲葉興作	石川島播磨重工業社長・会長	20年

（注）社名は当時。在任年数は概数で社外監査役時代を含む。HDはホールディングスの略。（出所）2001年度以降の有価証券報告書・臨時報告書、招集通知書、ガバナンス報告書を基に本誌作成

「社外取締役通信簿」の見方

及落	評価	寸評	判定基準
及第	Ⓐ	社外取締役として機能している	在任中に経営監視機能を十分発揮
微妙	Ⓑ	今後の改善に期待	在任中に子会社で循環取引発覚 ❹
落第	Ⓒ	社外取締役として機能していない	投資判断ミスを看過 ❶ or ❸
落第	Ⓓ	社外取締役として大いに問題	巨額の不正会計に気づかず ❷
落第	Ⓔ	社外取締役として責任重大	❶～❹の2つ以上に該当
評価不能	—	評価不能	在任が短すぎるor在任が昔すぎて成績がつけられない

❶ 投資判断ミス看過　❷ 巨額の不正会計に気づかず　❸ 米で原発建設会社を買収　❹ 子会社で循環取引発覚

INTERVIEW

「ファンドへの偏見あったのでは」

東京理科大学大学院　経営学研究科教授・若林秀樹

モノ言う株主との対立の末、ＣＥＯ辞任に追い込まれた車谷暢昭氏。何が問題だったのか。電機業界を長く分析してきた若林秀樹・東京理科大教授に聞いた。

――車谷氏辞任と、ファンドによる買収騒動。背景をどうみますか。

車谷氏はモノ言う株主との対立が深まったことに加え、自らに対する社内の信任が低かったことで、ウルトラＣとして自分の古巣であるＣＶＣに頼んだとされる。ただ、そもそもファンドが東芝の買収を検討できる前提条件として3月末に報道されたキオクシアホールディングスの買収観測があったのではないか。仮にキオクシアが3兆円で買収されるのであれば、株式を4割持つ東芝には利益となる。ファンドにとっての狙いはキオクシアだろう。

――モノ言う株主と対立した車谷氏に問題はなかったのでしょうか。

株主というのはモノを言うのが当然。車谷氏はそれをけむたがって真摯な議論をしてこなかったのではないか。私の印象論ではあるが、ファンドは中長期の成長より短期の株主還元だけを求める、という偏見があったのではないか。

決定的だったのは東芝ならではの成長戦略を打ち出せなかったこと。彼が経営トップとして行ったのはリストラばかり。それはプロ経営者ならできる。多くの株主は東芝の成長に期待して投資している。その道筋が示せないなら株主還元しろ、という話になる。

さらに、筆頭株主のエフィッシモにしても、すべて自らの資金で運用しているわけではなく、そこに投資している年金基金などの株主がいる。つまりモノ言う株主にも説明責任がある。車谷氏は、そこまで見据えて対話できていなかったのではないか。

―― 成長戦略とは具体的には。

よくなかったのはシステムＬＳＩの一部をやめてしまったことや、東芝テックの親子上場問題に手をつけなかったことなどだ。

会社にとっての成長のツールは研究開発と買収の２つだ。これらも十分にできていない。エレベーターやＰＯＳシステムでは東芝に優位性があり、十分に戦える。日立製作所がやったように、東芝にもあるプラットフォームを発展させ、足りない部分を買収などで補うべきだった。研究開発体制も一新しなくてはいけない。２０１４年ごろはそうした議論が東芝内であっただろうが、一連の経営危機でうやむやになってしまった。

上場廃止はすべきでない

―― 東芝をどうすべきですか。

少なくとも上場廃止には反対だ。上場維持のために社内も関係者も頑張って、ピカピカではないにしろ東証1部に復帰した。そんなときに上場廃止というのは従業員からも信用をなくす。上場にこだわってきた車谷氏が非公開化と言うのは自己否定でしかない。

ファンドによる非公開化の先に待っているのは東芝の完全解体だろう。事業の切り売りで何も残らない。東芝が営むインフラビジネスは相互に連関しているから、切り出すと価値が下がってしまう。データ駆動ビジネスもできない。その意味では上場維持にこだわってきたことは正しかった。

車谷氏が自分のミッションをきちんと理解せずにＣＥＯの座を占め続け、社内か社外のイノベーターに経営執行を任せられなかったことが最大のミスだった。

（聞き手・高橋玲央）

若林秀樹（わかばやし・ひでき）

１９８６年野村総合研究所入社。ＪＰモルガン証券などで長く電機アナリストとして活躍。２００５年にはヘッジファンドを立ち上げ、最高運用責任者も務めた。17年から現職。

INTERVIEW

「経産省は東芝をもてあそぶな」

政治経済評論家・古賀茂明

原子力や防衛など、東芝の事業は国家と関わるものも多い。経済政策をつかさどる経済産業省はどのような影響を与えてきたのか。元官僚で政治経済評論家の古賀茂明氏に聞いた。

——一連の騒動をどう見ますか。

大きくはガバナンスの問題だ。

東芝は株式会社の1つであると同時に、日本の産業を代表する存在でもある。そうした企業を誰が支配し、経営するのが正しいのかということが問題の核心だ。政府や経産省はつねに、産業革新機構や日本政策投資銀行などを使い、何とか自分たちの思うように動かしていこうと関与してきた。最近は米中対立を背景に地政学的な問題がクローズアップされる中、経済と政治、安全保障が切り離せないことを象徴する案件だと思う。

安全保障や政治的に重要な事業であれば、国益を守るために国が何らかの介入を行う必要性は否定できない。ただ、そこで経済合理性をまったく無視したり、目的と手段の整合性や責任の所在が不明確なままであることが目立つ。

例えば、東芝の経営危機をもたらした原子力の海外展開でも、東芝が勝手にやった話ではなく、政府・経産省も深く関与した案件だった。だが失敗すると東芝に責任を押し付け、経産省は東芝の命運を握る優位な立場を手に入れた。

二人三脚の運命共同体

――経産省から見て、東芝は「子分」のような存在なのですか。

子分というより、パートナーだ。非常に話が通じやすいし、関連会社も含めて大事な天下り先でもある。二人三脚で歩む運命共同体といってもよい。経産省は政策実現のために東芝を当てにできるし、東芝も危ないときにいろいろな形で支援を受けられる。本来ならこうした腐れ縁は、前回の経営危機の際に清算できたはずだ。
東芝を上場廃止にして解体的出直しを図り、有望事業に特化した新たな企業に生まれ変わらせるべきだったのに、実際に起こったのは、東芝の名前を残すために、最も重要な半導体メモリーを売却するという真逆なことになってしまった。東証も上場廃止を迫らず、経産省ともども東芝温存を図った。

――では、今こそファンドが買収し東芝を非公開化すべきですか。

何をすれば東芝の各事業が中長期的に成長できるかが重要だ。だが、今は思い切った戦略が見えず、株主が不満を持つのも当然。非公開化は、車谷氏の自己保身のためだと取られても仕方ない。非公開化しても、短期で利益を得るための単なる事業の切り売りになってしまっては意味がない。

――原子力や防衛の扱いは?

軍事関連は規模として小さいから経産省としては別の会社とくっつけたいと思っているだろう。原子力も、従来型の原発は競争力を失うが、次世代炉や新型炉についてはまだやる気だ。原発を事業として持つ日立製作所や三菱重工業を巻き込んで一元化するシナリオは考えているはずだ。

経産官僚は、事業統合などで企業の命運を握っていると実感することに無上の喜びを感じるDNAを持ち、自らが日本産業の司令塔だという強烈なプライドも持つ。だが、彼らの日の丸プロジェクトはことごとく失敗してきた。経産官僚の利権やプライド、あるいは政権の評判のために東芝という会社をもてあそぶことは許されない。

（聞き手・高橋玲央）

古賀茂明（こが・しげあき）
1955年生まれ。東大法学部卒。通商産業省（現経済産業省）に入省。内閣官房で国家公務員制度改革を担当した後、2011年に退官。経済改革、原発・自然エネルギー、外交安全保障などで発言を続けている。

【週刊東洋経済】

本書は、東洋経済新報社『週刊東洋経済』2021年5月22日号より抜粋、加筆修正のうえ制作しています。この記事が完全収録された底本をはじめ、雑誌バックナンバーは小社ホームページからもお求めいただけます。

小社では、『週刊東洋経済eビジネス新書』シリーズをはじめ、このほかにも多数の電子書籍ラインナップをそろえております。ぜひストアにて「東洋経済」で検索してみてください。

『週刊東洋経済eビジネス新書』シリーズ

No.352　コロナ時代の不動産

No.353　変わり始めた銀行

No.354　脱炭素　待ったなし

No.355　独習　教養をみがく

No.356　鉄道・航空の惨状

No.357 がん治療の正解
No.358 事業承継 M&A
No.359 テスラの実力
No.360 定年消滅
No.361 激動の半導体
No.362 不動産 勝者と敗者
No.363 弁護士業界 最前線
No.364 YouTubeの極意
No.365 デジタル大国 中国
No.366 地銀 大再編
No.367 おうちで稼ぐ!
No.368 老後マネーの育て方
No.369 製薬 大リストラ
No.370 リスクシナリオ 2021

No.371　富裕層マル秘マネー学
No.372　コロナ時代の新住宅事情
No.373　日立・三菱重工の岐路
No.374　脱炭素サバイバル
No.375　郵政崩壊
No.376　脱・ストレスの処方箋
No.377　働き方と経営の法律
No.378　コロナ倒産危機
No.379　車載半導体　争奪戦
No.380　マルクス　vs.　ケインズ
No.381　医療テック最前線

週刊東洋経済eビジネス新書　No.382
漂流する東芝

【本誌（底本）】
編集局　　高橋玲央、山田雄大、長谷川　隆
デザイン　小林由依、池田　梢
進行管理　三隅多香子
発行日　　2021年5月22日

【電子版】
編集制作　塚田由紀夫、長谷川　隆
デザイン　大村善久
制作協力　丸井工文社
発行日　　2022年1月13日　Ver.1

発行所　〒103-8345
東京都中央区日本橋本石町1-2-1
東洋経済新報社
電話　東洋経済コールセンター
03（6386）1040
https://toyokeizai.net/
発行人　駒橋憲一

電子書籍化に際しては、仕様上の都合などにより適宜編集を加えています。登場人物に関する情報、価格、為替レートなどは、特に記載のない限り底本編集当時のものです。一部の漢字を簡易慣用字体やかなで表記している場合があります。本書は縦書きでレイアウトしています。ご覧になる機種により表示に差が生じることがあります。

※本刊行物は、電子書籍版に基づいてプリントオンデマンド版として作成されたものです。